ERDE · WASSER
FEUER · LUFT

RAINER BRAND ERZÄHLT VON DER ENTDECKUNG AMERIKAS

Bilder von
Uwe Klindworth

Verlag Friedrich Oetinger · Hamburg

Dr. Rainer Brand, 1950 in Würzburg geboren, war nach dem Studium der Mineralogie und einer Bibliotheksausbildung mehrere Jahre als Lektor für Kinder- und Jugendbücher tätig. Heute ist er Projektleiter in einem Würzburger Fachbuchverlag. Nach mehreren Übersetzungen und einem Jugendsachbuch über Geologie ist dieses Buch sein erstes Sachbuch für Kinder.

Einbandgestaltung: Manfred Limmroth
Titelbild und Illustrationen: Uwe Klindworth
Abbildung S. 39: Archiv Rainer Brand
Satz: Lichtsatz Wandsbek, Hamburg
Lithos: Die Litho, Hamburg
Herstellung: Mohndruck Graphische Betriebe GmbH, Gütersloh
Printed in Germany 1992

ISBN 3-7891-7503-X

11. Oktober 1492: Die Menschen von Guanahani

Auf dem Wasser tanzt das Licht der Fackeln.
Auf und nieder steigt es mit dem Einbaum in der sanften Dünung. Lichter und Schatten huschen über die bronzefarbene Haut der Männer, die mit dem Speer in der Hand aufs Wasser starren. Dann schnellt ein Arm vor, ein Fisch zappelt an der Speerspitze.
Immer wieder werden die Tiere in den Bannkreis der Flammen gezogen, immer wieder werden sie so zur leichten Beute der Jäger.

Delphin steht am Sandstrand von Guanahani und schaut übers Wasser. „Die Männer haben viele Fische gefangen. Der Jagdgott meint es gut mit uns“, sagt er zu seiner Schwester. „Sie werden bald zurückkommen.“

„Laß uns schon ins Dorf zurückgehen!“ sagt Libelle und greift nach der Hand ihres Bruders.
Doch Delphin bleibt regungslos stehen. Sein Blick wandert weit hinaus in das Dunkel über dem Wasser.
„Komm endlich!“ drängt Libelle. „Wir müssen uns beeilen! Die Feuer werden bald angezündet.“
Delphin hört ihr nicht zu. „Ich möchte wissen, was hinter dem Horizont ist“, sagt er leise. „Wohnen dort auch Menschen wie wir? Gibt es dort Karaiben, die Menschen töten und zu Sklaven machen? Oder kommen von dort einst die Götter zurück, wie unser Priester sagt?“
„Vergiß die Karaiben!“ sagt Libelle mit einem Zittern in der Stimme. „Sie waren schon lange nicht mehr auf unserer Insel. Vielleicht kommen sie nie wieder. Geh mit mir ins Dorf! Ich warte nicht mehr länger.“
Und schon ist das Mädchen unter den Bäumen verschwunden.
Delphin hört die Stimmen der Fischer. Der Einbaum nähert sich dem Ufer. Bald werden die Männer mit ihrem Fang an Land sein. Dann werden sie die Fische ins Dorf bringen.
Zögernd folgt der Junge seiner Schwester auf dem Pfad, der quer über die Insel zum Dorf führt.

Von den Feuern steigt der Duft gebratener Fische auf. Der Rauch verschleiert die Sterne. Die Menschen sitzen vor den Hütten mit den spitzen Dächern, sie lachen und singen.

Hier im Dorf ist Libelle nicht mehr mit ihrem Bruder zusammen. Sie hilft bei der Zubereitung der Fische, die ihr Vater gefangen hat.
Libelle ist stolz auf ihren Vater, der zu den besten Fischern des Dorfes gehört, und sie bewundert ihre Mutter, die der Mittelpunkt ihrer großen Familie ist. Die Mutter hütet das Feuer, und sie bestimmt, welche Arbeiten zu tun sind. Kinder, Männer und Frauen, alle achten sie und folgen ihren Anweisungen.
Libelle sieht sich um. Sie sucht ihren Bruder.
Mit den anderen Jungen steht er bei den Männern, die um das große Feuer in der Mitte des Dorfes sitzen. Dort prahlen die Fischer mit ihrer Beute, die Alten erzählen von vergangenen Zeiten.
Manchmal würde auch sie gerne bei den Männern stehen und ihren Erzählungen lauschen: den Geschichten über Fischfang und Jagd, den Erzählungen über die schrecklichen Karaiben und den Sagen über die Rückkehr der Götter, die Händler aus dem Westen zu ihrer Insel gebracht haben.
Aber ihre Mutter hält nichts von den Geschichten über ferne Götter. „Die Götter sind bei uns“, sagt sie. „Sie beschützen unser Volk und geben uns Fische im Überfluß.“

Delphin spürt den Blick seiner Schwester. Er sieht auf und lächelt ihr zu. Vielleicht hat er die Götter jenseits des Meeres jetzt vergessen.
„Libelle, hilf mir die Fische vom Feuer zu nehmen“, ruft die Mutter. „Und dann hol die Männer zum Essen!“

Die Nacht ist ruhig. Die Menschen von Guanahani schlafen auf dem Boden oder in ihren Hängematten. Niemand hört den Donner, der zwei Stunden nach Mitternacht im Westen der Insel über das Wasser rollt. Nur Delphin scheint schlecht zu träumen und wirft sich unruhig auf seinem Lager hin und her.

12. Oktober 1492: Die Fremden vom Meer

„Boote auf dem Wasser! Schwimmende Hütten, so groß wie unser Dorf!"
Der Schrei reißt die Menschen aus dem Schlaf.
In wenigen Minuten ist das ganze Dorf auf den Beinen.
Die Männer greifen nach ihren Speeren und umringen Delphin, der atemlos vom Strand gekommen ist.
„Ich bin in der Morgendämmerung zum Strand gelaufen", keucht er. „Auf dem Wasser schwimmen drei riesige Boote."
„Sind es Karaiben?" Die Frage des Häuptlings, des Kaziken, läßt alle zusammenzucken.
„Nein!" ruft Delphin. „Die Boote sind viel größer als die Kanus unserer Feinde!" Seine Stimme überschlägt sich. „Die Götter kommen zurück!"
Die Furcht vor einem Überfall der Karaiben hatte die Menschen von Guanahani stumm gemacht. Jetzt

herrscht große Aufregung. Rufend und schreiend laufen Männer, Frauen und Kinder auf dem Pfad zum Strand hinunter. Jeder will die schwimmenden Riesenhütten sehen, die Delphin entdeckt hat. Sind die Götter wirklich zu ihrer Insel gekommen?

In der hellen Morgensonne liegen drei große Schiffe weit vom Strand entfernt auf dem Meer. Masten und Stangen ragen fast völlig kahl in den Himmel. Nur hier und da schlägt ein Tuch im Wind. Nichts wirkt bedrohlich. Auf den Schiffen bewegen sich Gestalten, der Wind trägt Stimmen über das Wasser, die Sonne spiegelt sich auf blanken Flächen.

Voller Stolz sieht Delphin das Staunen in den Augen der anderen. Schließlich hat er die Schiffe entdeckt, hat er als erster die Götter gesehen.
Libelle ist neben ihn getreten und zeigt zum größten der drei Schiffe. „Sie lassen ein Boot ins Wasser“, sagt sie. „Die Fremden vom Meer kommen auf unsere Insel.“
„Es sind die Götter“, antwortet ihr Bruder. „Der Kazike und unser Priester, wir alle müssen sie begrüßen und mit Geschenken empfangen!“

Doch als auch noch von den anderen beiden Schiffen Boote auf die Insel zusteuern, ziehen sich die Menschen von Guanahani unter das schützende Blätterdach der Bäume zurück. Die Schiffe und die drei Boote lassen sie dabei nicht aus den Augen.

Seltsam gekleidete Männer sind in den Booten. Sie tragen bunte Gewänder, und ihre Waffen blitzen. „Seht doch, das sind keine Karaiben“, flüstert Delphin, als die Männer ins flache Wasser springen und die Boote auf den Strand schieben.

Doch niemand hört auf ihn. Stumm beobachten die Menschen von Guanahani die Fremden.
Fünf, sechs Männer stellen sich im Halbkreis um die Boote. Mit ihren Augen suchen sie den Waldrand ab, die Waffen fest in den Händen. Ein schwarzgekleideter Mann kniet nieder und küßt den Boden. Während er

wieder aufsteht, entfalten die Männer hinter ihm drei große bunte Tücher.
Als der schwarzgekleidete Fremde mit lauter Stimme zu sprechen beginnt, sagt Delphin leise zu Libelle: „Das ist der Herr der fremden Götter, ihr Kazike."
„Deine Götter haben eine harte Sprache", antwortet Libelle. „Ihre Haut ist hell, und sie haben Haare im Gesicht, aber sonst sehen sie aus wie die Menschen von Guanahani."
„Du und Mutter, ihr wolltet der Sage von der Rückkehr der Götter nie glauben", sagt Delphin. „Aber jetzt könnt ihr die Götter mit eigenen Augen sehen!"
Der Kazike ist unsicher. Flüsternd spricht er mit dem Priester, dann winkt er Delphins Vater und einige andere Männer zu sich und tritt mit ihnen aus dem Schatten des Waldes.
„Seid willkommen auf Guanahani!" ruft der Kazike immer wieder. Mit ausgebreiteten Händen geht er auf die Fremden zu. „Seid willkommen und seid unsere Gäste!"
Doch die Fremden scheinen die Sprache der Menschen nicht zu verstehen. Sie umfassen ihre eigentümlichen Speere und andere fremdartige Waffen, während der Kazike auf sie einredet.

„In ihren Augen steht Furcht“, sagt Libelle zu ihrem Bruder.
„Die Götter fürchten sich nicht“, antwortet Delphin, aber seine Stimme klingt unsicher. Auch er hat gesehen, wie die fremden Männer zusammenzuckten, als der Kazike und seine Begleiter aus dem Wald kamen. Auch er sieht, daß die Fremden ihre Waffen fester fassen.
Unter den Fremden vom Meer entsteht Unruhe. Ihr Kreis öffnet sich, zwei Männer gehen langsam auf den Kaziken zu. Auf ausgestreckten Armen tragen sie rote Stoffe und bunte Ketten.
„Sie haben Angst“, sagt Libelle. „Sie suchen unsere Freundschaft mit Geschenken.“
„Götter haben keine Angst“, sagt Delphin zögernd. „Das sind Geschenke des Himmels.“
Libelle schweigt. Mögen die Männer vom Meer auch noch so fremd und sonderbar aussehen, für sie sind es Menschen wie die Bewohner von Guanahani, vielleicht sogar solche wie die Karaiben. Bei diesem Gedanken zuckt das Mädchen unwillkürlich zusammen.
Denkt denn niemand an die Gefahren, die sie alle bedrohen?
Sie beobachtet die Gesichter der Männer und Frauen. Nur wenige kommen ihr ängstlich vor. Gespannte

Neugier scheint alle zu beherrschen. Selbst ihre Mutter drängt vor, um zu sehen, was die zwei Fremden in den Händen halten.

Einer der beiden Männer zeigt, wozu so ein rotes Stück Stoff dient: Es ist eine Kopfbedeckung. Er setzt sie auf und reicht sie dann dem Kaziken.
Mit einer Verneigung nimmt dieser das Geschenk entgegen und setzt sich die Kappe auf das schwarzglänzende Haar.
Frauen und Männer sind unter den Bäumen hervor auf

den Strand gekommen und greifen nach den Ketten und den roten Kappen. Die Geschenke wandern von Hand zu Hand, werden gegen die Sonne gehalten und von vielen Fingern betastet.
„Sind das wirklich Gaben der Götter?“ fragt Libelle ihren Bruder, der alles stumm beobachtet.
„Ich weiß nicht“, antwortet er.
Die fremden Männer sind erleichtert, weil die Menschen von Guanahani die Geschenke entgegennehmen.

Der Bann ist gebrochen. Männer und Frauen drängen sich um die hellhäutigen Fremden, betasten ihre Kleider und Bärte und versuchen durch Fragen und Gebärden zu erfahren, woher sie und ihre Schiffe gekommen sind.
Doch die Männer vom Meer verstehen die Menschen von Guanahani nicht. Auch sie fragen und antworten mit der Sprache der Hände. Selbst wenn Verstehen in ihren Gesichtern zu lesen ist, weiß niemand, was sie verstanden haben.

Ein Schmerzensschrei läßt alle zusammenfahren. Delphin hat nach der Waffe gegriffen, die der Kazike

der Fremden trägt. Fassungslos starrt der Junge auf das Blut, das in den Sand tropft.
Im Nu ist Libelle bei ihrem Bruder und legt den Arm um seine Schultern. „Ein schlechtes Vorzeichen", flüstert sie. „Die Waffen der Männer vom Meer sind tödlich wie die Speere der Karaiben!"

13. Oktober 1492: Gold gegen Glas

Die Fremden sind nicht in der Nacht verschwunden, wie es Libelle insgeheim gehofft hatte. Noch immer liegen ihre großen Schiffe vor dem Korallenriff, das die Insel umgibt.
Mit dem ersten Tageslicht sind auch die Menschen von Guanahani wieder am Strand. Sie starren zu den Schiffen hinüber. Die Männer, die es gestern nachmittag gewagt hatten, zu ihnen zu schwimmen oder zu rudern, haben so wunderbare Dinge erzählt. Freundlich wurden sie empfangen, und für ihre Gaben erhielten sie viele Geschenke.
Delphin steht bei den anderen Jungen des Dorfes. Auch er möchte die großen Boote der Fremden vom Meer kennenlernen. „Wir schwimmen zu den Schiffen hinaus", ruft er plötzlich. „Dann sind wir noch vor den Männern dort."

Ohne zu zögern, folgen ihm die meisten Jungen ins Wasser, und schon bald ist ein Wettkampf im Gange: Wer wird zuerst bei den Schiffen sein?
Noch bevor die Schwimmer beim Riff angelangt sind, werden am Strand die ersten Einbäume ins Wasser geschoben. Die Männer springen in ihre Kanus und tauchen die Ruder ins Wasser.
Delphin sieht sich um. Die Boote kommen schnell näher. Im Takt beugen sich die nackten Rücken der Männer. Bald gleiten die flachen Boote durch die Durchfahrt im Riff und an den Schwimmern vorbei.
Delphin ist unter den ersten, die das größte Schiff der Fremden erreichen. Als er nach dem Tau greift, das ihm von oben zugeworfen wird, sieht er lachende Gesichter, die sich über die Bordwand beugen. Zuerst steigt er auf eines der Boote, welche die Männer von Guanahani am Schiff der Fremden festgemacht haben, dann klettert er die Wand des Schiffes empor, bis er auf Deck steht.
Staunend wandern seine Blicke über das Schiff, über die Taue, hinauf zu den hoch aufragenden Masten, er staunt über die leuchtenden Farben und das Glitzern des Metalls. In diesem Augenblick sind all seine Zweifel verschwunden. Nur Götter besitzen so prächtige Schiffe.

Delphin und seine Freunde können sich auf dem Schiff umsehen. Die Aufmerksamkeit der hellhäutigen Fremden gilt den Männern. Auch Delphins Vater ist bei ihnen. Sie haben wieder Geschenke mitgebracht: Speere, Knäuel gesponnener Baumwolle, farbenprächtige Papageien, Cassavabrot und Tabak. Alles, was die Menschen von Guanahani ihren Gästen geben können.

Plötzlich scheint einer der Fremden Delphin zu erkennen. Er zeigt auf die Hand des Jungen und lacht. Delphin sieht auf seine Finger. Fast hätte er die Wunde vergessen. Jetzt spürt er das Salzwasser in ihr brennen, und er muß wieder an das denken, was seine Schwester gesagt hat.
Als Delphin wieder aufsieht, ist das Lachen aus dem Gesicht des Fremden verschwunden. In seinen Augen steht eine unbeschreibliche Gier. Worte sprudeln aus ihm hervor, und er deutet auf Delphins Nase.
Delphin versteht ihn nicht. Mit der unverletzten Hand fährt er sich über das Gesicht. Sein Zeigefinger spürt das Stück Gold in der durchbohrten Nasenwand und bleibt darauf liegen. Wieder sieht er den Fremden an. Dieser nickt und hat plötzlich zwei bunte Perlen in der Hand, die er dem Jungen entgegenstreckt.
Delphin zögert. Was will der Bärtige mit dem Gold? Sein Vater hat ihm den Glücksbringer geschenkt, als er zum erstenmal mit den Männern zum Fischfang fahren durfte. Was bedeutet dieses Amulett für die Fremden? Hat Libelle doch recht damit, daß es nur Menschen sind? Brauchen auch sie die Hilfe der Götter?
Der Junge sieht zu seinem Vater hinüber, der mitten unter den hellhäutigen Fremden steht. Er ist weit weg,

kann ihm keinen Rat geben. Delphin muß selbst entscheiden.
Immer wieder hat ihm sein Vater gesagt: „Die Gastfreundschaft ist heilig. Nur unter Freunden können wir überleben, wenn wir vom Sturm auf eine fremde Insel verschlagen werden." Delphin nimmt den Glücksbringer aus der Nasenwand und reicht ihn dem Fremden.
Gierig schließen sich dessen Finger um das kleine Stückchen Gold. Ohne den Jungen anzusehen, drückt er ihm die beiden Glasperlen in die Hand. Nein, so handelt ein Gott bestimmt nicht!
Delphin steht allein auf dem Deck. Langsam hebt er eine der Perlen in das Sonnenlicht. Ein Stückchen Gold, ein Tropfen vom Schweiß der Götter, gegen buntes Licht in der Sonne. Seinen Glücksbringer gegen das Geschenk des hellhäutigen Fremden. Was wird Libelle zu diesem Tausch sagen?

14. Oktober 1492: Der Menschenraub

Über das Wasser hinweg werden laute Rufe an Land getragen. An den Masten steigen die Segel hoch und füllen sich im Morgenwind. Langsam nehmen die drei Schiffe der Fremden Fahrt auf.
„Vater!“ ruft Libelle voller Entsetzen. „Unser Vater ist noch auf dem großen Schiff.“
Erst jetzt merkt Delphin, daß der Einbaum, mit dem ihr Vater und sechs andere Männer bei Sonnenaufgang zu den Schiffen gerudert waren, auf dem Wasser treibt.
„Vater hat ihnen doch nur Fische gebracht, die in der Nacht gefangen wurden!“ ruft der Junge. „Was wollen die Fremden von unseren Männern?“
„Siehst du jetzt, daß es keine Götter sind?“ sagt Libelle mit Tränen in den Augen. „Das sind Menschen wie die Karaiben, und sie entführen unsere Männer wie die Karaiben.“

Die Männer, Frauen und Kinder, die schon am frühen Morgen zum Strand gekommen sind, rufen und winken zu den Schiffen hinüber. Sie versuchen zu erkennen, was an Bord vor sich geht. Doch immer weiter entfernen sich die Schiffe vom Strand, und nur das leere Boot schaukelt auf den Wellen.

Delphin will den Menschen von Guanahani wieder Hoffnung geben. „Die Schiffe fahren nicht aufs Meer hinaus“, ruft er. „Sie segeln nach Nordosten zum anderen Ende der Insel!“

„Vielleicht weisen unsere Männer den Fremden nur den Weg", sagt seine Schwester leise, als sie sieht, wie verzweifelt alle sind. Aber ihre Stimme klingt unsicher, so als traue sie ihren eigenen Worten nicht.
Libelles Mutter hat ihren Arm um das Mädchen gelegt. Auch in ihren Augen sind Tränen. Eher trotzig, mit fest zusammengekniffenen Lippen steht Delphin neben ihnen. Seine rechte Hand umschließt den Speerschaft. Er will die schmerzende Wunde nicht spüren.

Auf dem kleinen Platz zwischen den Hütten steht ein Bote aus dem Dorf am anderen Ende der Insel. „Wir haben die hellhäutigen Fremden auch gesehen", berichtet er. „Ihre großen Schiffe lagen vor der Küste, und mit kleinen Booten sind sie an Land gekommen. Wir haben sie freundlich empfangen und ihnen Geschenke gegeben. Doch immer wieder zeigten sie auf die goldenen Amulette in den Nasen der Männer. Gold, das wollten sie haben."
Schweigend umringen Männer, Frauen und Kinder den Boten. Libelle spürt, daß sich alles verändert hat. Ob die Männer und Frauen jemals wieder so lachen und singen werden wie noch vor drei Tagen?
„Ihr habt die Fremden vom Meer zuerst gesehen, ihr

habt mit ihnen gesprochen“, fährt der Bote fort. „Sind es Menschen oder Götter?“
„Urteilt selbst!“ sagt der Häuptling. „Die Fremden haben sieben unserer Männer entführt. Handeln so die Götter?“
Der Bote schüttelt den Kopf. „Nicht die Götter, sondern die Karaiben“, sagt er dann. „Die Menschen von Guanahani können froh sein, daß die Schiffe der Fremden verschwunden sind. Hoffentlich kommen sie nie wieder zu unserer Insel!“
Delphin zuckt zusammen. Er hatte am Meer gestanden, als die großen Schiffe der Fremden am Nachmittag weit vor der Insel vorbeigesegelt und im Südwesten hinter dem Horizont verschwunden waren. Wenn die Schiffe nicht wiederkämen, würde er seinen Vater nie mehr sehen.
„Vater wird aber zurückkommen!“ ruft er laut.
Keiner weist ihn zurecht, niemand sagt, daß Kinder zu schweigen haben, wenn Erwachsene sprechen. Nur Libelle hat sich von der Mutter gelöst und greift nach der Hand ihres Bruders.

16. Oktober 1492:
Die Rückkehr

Libelle macht es nicht froh, daß sich ihre Vorahnungen erfüllt haben.
„Du hast uns gewarnt, aber niemand hat auf dich hören wollen“, sagt Delphin zu ihr. „Die bärtigen Männer sind wirklich nicht besser als die Karaiben. Und ich habe sie für Götter gehalten!“
„Wir haben uns alle täuschen lassen“, antwortet die Schwester. „Wer konnte wissen, daß die Fremden unsere Gastfreundschaft so vergelten?“
Die beiden Geschwister stehen am Strand, vor dem noch vor drei Tagen die großen Schiffe der bärtigen Männer lagen.
Plötzlich faßt Delphin seine Schwester am Arm. „Ein Boot“, ruft er, „Karaiben!“
Libelle hat Mühe, den schwarzen Punkt im Südwesten zu erkennen. „Es ist nur ein Boot“, sagt sie nach einer

Weile. „Es müssen keine Feinde sein. Vielleicht sind es Freunde von einer anderen Insel."
„Auf jeden Fall müssen wir die Männer im Dorf warnen. Komm mit!" ruft der Junge und läuft seiner Schwester auf dem Pfad zum Dorf voraus.

Als der Einbaum durch die Durchfahrt im Riff steuert, kommen Männer, Frauen und Kinder unter den Bäumen hervor. Nein, es sind keine Karaiben, im Boot sitzen Tainos. Sie sind vom selben Volk wie die Bewohner von Guanahani.
„Mutter, schau!" ruft Delphin, als er die Gesichter erkennen kann. „Vater ist zurückgekommen. Ich wußte, daß er zurückkommt!"
Laut jubelnd laufen die Menschen durch das flache Wasser dem Boot entgegen, allen voran Delphin und Libelle. Viele Hände schieben den Einbaum auf den Strand.
Die Tainos von der Nachbarinsel haben zwei Männer von Guanahani mitgebracht. Alle drängen sich um die beiden. Sie fragen, rufen und lachen, alles wollen sie auf einmal wissen. „Und wo sind die anderen?"
„Nur wir beide konnten fliehen. Wir sind vom Schiff gesprungen. Unsere Freunde haben uns gerettet."

Immer wieder müssen die beiden Männer ihre Erzählung wiederholen, immer wieder müssen sie von ihren Erlebnissen an Bord der großen Schiffe erzählen. „Es sind keine Götter, es sind Menschen wie wir." „Nein, sie sind anders als wir", fügt Delphins Vater hinzu. „In ihren Augen steht die Gier. Oro - Gold, das war das erste Wort, das wir lernen mußten."

Wie haben die Indianer die Ankunft der Weißen erlebt?

Niemand weiß, ob die Indianer von Guanahani die Ankunft der weißen Entdecker so erlebten, wie ich sie beschrieben habe. Der einzige Bericht über die Entdeckung Amerikas stammt von Christoph Columbus, dem Entdecker selbst. Natürlich hat er alles so dargestellt, wie er es gesehen hat. Dabei schätzte er vieles falsch ein. Zum Beispiel glaubte Columbus fest daran, in Indien gelandet zu sein. Deshalb nannte er die Menschen, die er in der Neuen Welt antraf, Indios, also Indianer: ein Name, der ihnen bis heute geblieben ist. Wir können nicht einmal ganz sicher sagen, was Columbus selbst geschrieben hat. Das Original seines Bordbuchs ist wenige Jahre nach der Entdeckung verlorengegangen, und wir können nur eine Abschrift benutzen, die von einer anderen Abschrift gemacht

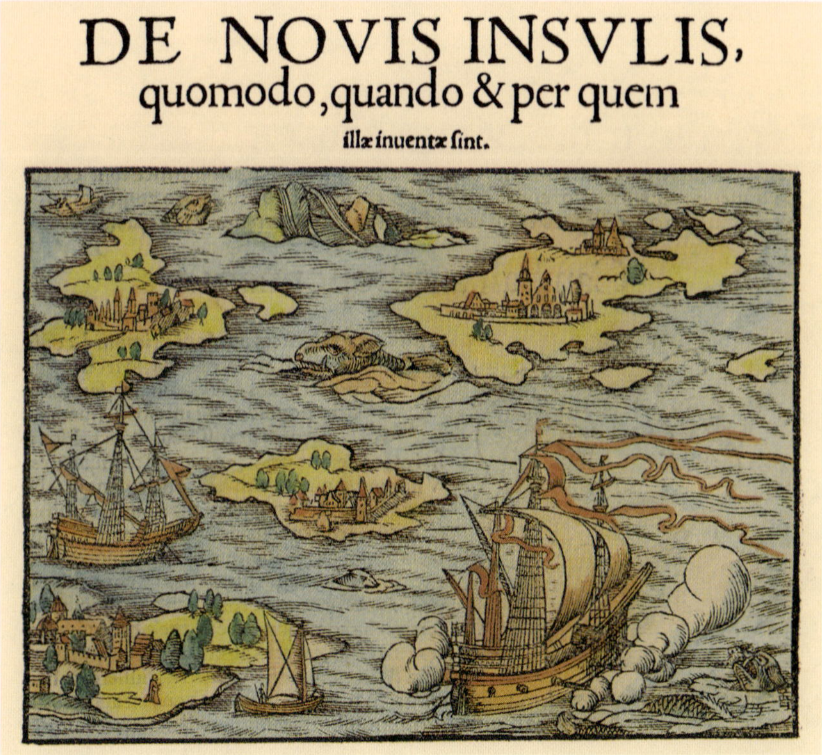

wurde. Das macht die Forschung ganz schön kompliziert, denn niemand weiß, was beim Abschreiben weggelassen oder dazugeschrieben wurde.
Trotzdem habe auch ich für die Geschichte das Bordbuch benutzt. Dabei habe ich mir vorzustellen versucht, wie all die Ereignisse, die Columbus beschreibt, auf die Indianer von Guanahani gewirkt haben können. Da man nur sehr wenig über diese Menschen weiß, muß vieles Vermutung bleiben.

Wer waren die Menschen von Guanahani?

Columbus beschreibt die Indianer von Guanahani ausdrücklich als schöne Menschen. Sie sind nach seinen Angaben weder schwarz noch weiß, sondern haben die rotbraune Hautfarbe der Ureinwohner der Kanarischen Inseln, die er gekannt hat. Ihr schwarzes Haar fällt lang über den Rücken und ist vorne über den Augenbrauen abgeschnitten. Alle sind nackt, aber manche sind im Gesicht oder am ganzen Körper bemalt: schwarz, weiß, rot oder mit anderen Farben.
Die Indianer von Guanahani gehörten zum Volk der Tainos. Wahrscheinlich hatten sie von Südamerika aus die Inseln der Karibik besiedelt. Sie lebten vom Fischfang und der Jagd, bauten aber auch Mais, Baumwolle, Süßkartoffeln, Erdnüsse und Tabak an. In seinem Bordbuch erzählt Columbus, wie die Menschen von Guanahani Baumwolle, Cassavabrot, dessen Mehl

BAUMWOLLE
CASSAVA
SÜSSKARTOFFELN
FISCHE
ERDNÜSSE
MAIS
TABAK

aus kartoffelähnlichen Knollen gewonnen wurde, und Tabak als Geschenke an Bord der Schiffe brachten. Von ihnen lernten die Europäer das Tabakrauchen.
Die Indianer von Guanahani wohnten in Hütten mit spitzen Dächern. Zum Schlafen benutzten sie häufig Hängematten, die in Europa unbekannt waren. Als die Spanier die Hängematten mit nach Europa brachten, wurden sie bald zum beliebten Nachtlager der Matrosen an Bord. Für eine Hängematte war in der Enge der hölzernen Segelschiffe immer noch ein Plätzchen zu finden.
Jedem Dorf stand vermutlich ein Kazike, ein Häuptling, vor. Männer, Frauen und Kinder einer Familie lebten zusammen, wobei die Familie der Frau besonders wichtig war. Ein Mann wurde bei der Heirat in die Familie der Frau aufgenommen.
Die größte Gefahr für die Menschen von Guanahani waren die Überfälle der Karaiben. Wie die Tainos kamen auch sie aus Südamerika und drangen Insel um Insel immer weiter nach Norden vor. Schon bei seinem ersten Kontakt mit den Indianern von Guanahani bemerkte Columbus bei vielen von ihnen Narben. Als er die Ursache dafür erfahren wollte, gab man ihm zu verstehen, daß die Bewohner der Inseln immer wieder

von Karaiben überfallen wurden. Bis heute erinnert der Name des Karibischen Meeres an die Feinde der Tainos. Columbus hat den Namen anfangs falsch verstanden. In seinem Bordbuch schrieb er „Kaniben“ statt „Karaiben“, und aus diesem Hörfehler entstand die Bezeichnung Kannibalen für alle Menschenfresser.
Tainos und Karaiben erlitten dasselbe Schicksal. Schon fünfzig Jahre nach der Ankunft der Spanier in Amerika gab es sie nicht mehr. Sie starben zu Tausenden an Krankheiten wie den Pocken, die die Spanier aus Europa mitgebracht hatten und gegen die die Indianer keine Abwehrkräfte hatten. Die Überlebenden wurden unbarmherzig von Sklavenjägern verfolgt. So ist es kein Wunder, daß wenig von ihrer Lebensweise bekannt ist und wir kaum wissen, welche religiösen Vorstellungen die Menschen von Guanahani hatten.
Dabei ist es durchaus möglich, daß es in den Dörfern Priester gab. Daß diese Priester jedoch die Sage von der Rückkehr der weißen Götter erzählt haben, wie wir das aus Berichten über die Eroberung von Mexiko wissen, ist eher unwahrscheinlich. Und doch besteht wenigstens die Möglichkeit, daß diese Sage von indianischen Händlern aus Mexiko auch zu den Inseln der Karibik gebracht wurde. Vielleicht hat Columbus die Menschen

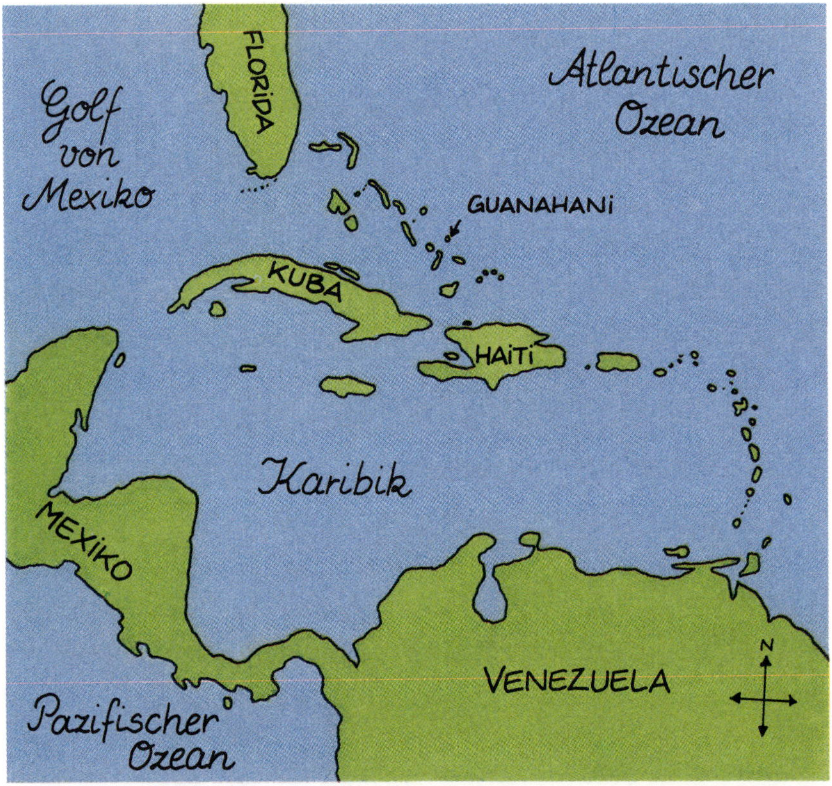

von Guanahani dann doch richtig verstanden, wenn er in seinem Bordbuch schreibt, daß sie ihn und seine Männer für Götter hielten.

Wer hat Amerika entdeckt?

Die ersten Entdecker Amerikas kamen aus Asien. Vor mehr als 50 000 Jahren folgten die Jäger der Eiszeit dem Wild über die eisigen Steppengebiete, die damals Sibirien mit Alaska verbanden. Heute befindet sich dort das Meer der Beringstraße. Auch später kamen immer wieder Menschen von Asien nach Amerika. Von Alaska aus folgten sie dem Wild und drangen immer weiter nach Süden vor, bis hinunter nach Feuerland an der Südspitze Amerikas.
In vielen Gebieten blieben die Indianer Jäger, in manchen Gegenden wurden sie Bauern, und an anderen Orten, wie in Mexiko, bauten sie große Städte.
Die ersten Europäer, die nach Amerika kamen, waren die Wikinger. Im Jahr 1000 n. Chr. erreichten sie Neufundland im Norden Amerikas. Diese Fahrten waren zwar bei vielen Gebildeten bekannt, aber sie

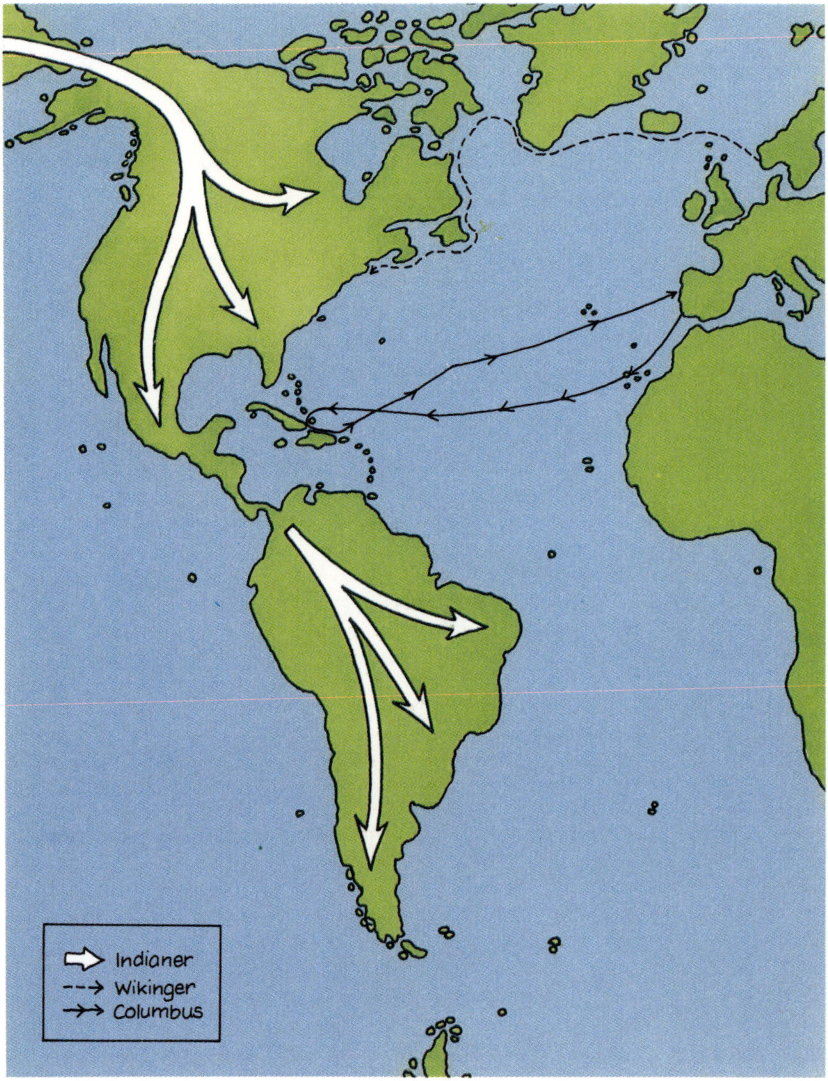
Indianer
Wikinger
Columbus

gerieten bald mehr oder weniger in Vergessenheit.
Ganz anders war dies mit der Fahrt des Columbus. Sie stand tatsächlich am Beginn eines neuen Zeitalters, und so können wir sagen, er hat Amerika, die Neue Welt, wirklich entdeckt, selbst wenn er noch lange Zeit glaubte, in Asien gelandet zu sein.
Mit seiner Fahrt begannen die Eroberungszüge der Europäer.
Schwieriger ist allerdings die Frage zu beantworten, wo Christoph Columbus zum erstenmal den Boden der Neuen Welt betreten hat. Auch hier kann nur das Bordbuch eine Antwort geben: Danach hat er am 12. Oktober 1492 die Insel betreten, die die Indianer Guanahani nannten. Columbus selbst gab ihr den Namen San Salvador.

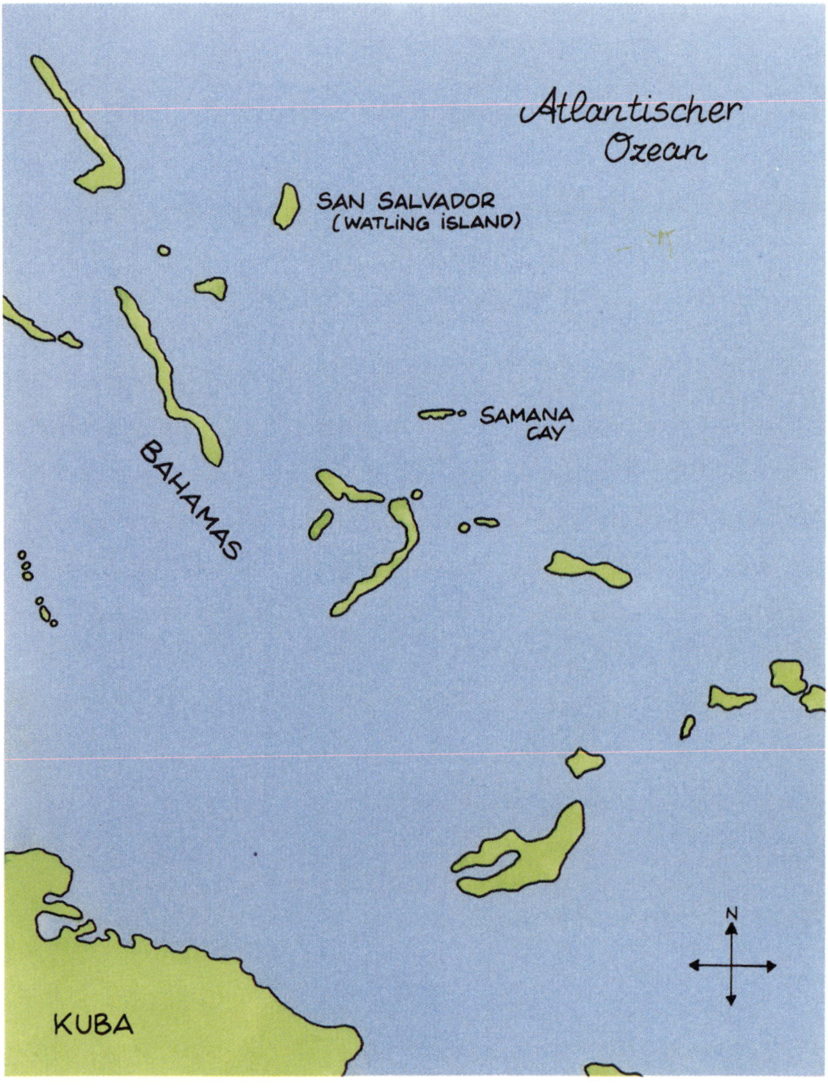
Atlantischer Ozean
SAN SALVADOR
(WATLING ISLAND)
SAMANA CAY
BAHAMAS
KUBA
N

Bis heute ist nicht geklärt, wo Guanahani liegt. Auf den ersten Blick scheinen die Angaben des Columbus für mehrere Inseln zuzutreffen. Wenn man das Bordbuch genau liest, kommen nur zwei Inseln in Frage: Watling Island, das sich heute San Salvador nennt, und etwas weiter südlich Samana Cay.

Ich halte Samana Cay für Guanahani, da mir dies am besten mit dem Bordbuch übereinzustimmen scheint. Hier paßt die Beschreibung genau, und alle Entfernungsangaben des Columbus stimmen. Wie manche anderen Fragen im Leben des Christoph Columbus kann aber auch diese nicht eindeutig geklärt werden.

Wer war Christoph Columbus?

Die ersten Jahrzehnte im Leben des Christoph Columbus sind voller Rätsel. Und Columbus selbst hat später, als er ein berühmter Mann war, nur wenig dazu beigetragen, das Geheimnis um seine Geburt und seine Jugend zu lüften. Ganz im Gegenteil: Manchmal hat man den Eindruck, er habe alles getan, um seine Herkunft zu verschleiern. Selbst als er berühmt war und jeder etwas über sein Leben wissen wollte, ist er Fragen nach seiner Kindheit und Jugend immer ausgewichen. Das hat natürlich viele Geschichtsschreiber dazu gebracht, alle möglichen und unmöglichen Vermutungen zu äußern. So finden sich zum Beispiel rund um das Mittelmeer viele Städte, in denen Columbus geboren sein soll. Allein in Italien streiten sich 17 Orte um diese Ehre.

Nach seinen eigenen Angaben wurde Christoph

Columbus in Genua, also in Italien, geboren. Vermutlich ist das Jahr 1451 sein Geburtsjahr. Bei der Entdeckung Amerikas war er dann einundvierzig Jahre alt. Er stammte aus einer Familie von Webern und Schneidern, fuhr aber schon bald als Schiffsjunge zur See. Mit vierzehn war er nach den Angaben seines

Sohnes Fernando auf einem Kaperschiff, einem Kriegsschiff, das im Namen des Königs von Neapel auch Seeräuberei betrieb. Damals war das ganz selbstverständlich. Wenn man sich von befreundeten Schiffen fernhielt, gab es keinen Ärger, und neben dem Kapitän verdiente auch der Auftraggeber nicht schlecht. Mit einundzwanzig Jahren konnte Columbus vermutlich selbst als Kapitän ein Schiff führen.
In dieser Zeit auf See wurde Christoph Columbus zu dem hervorragenden Seemann, den die Welt kennenlernen sollte. Er lernte offensichtlich auch viel über die Länder der Erde und ihre Darstellung auf Landkarten. Von seinen späteren Fahrten wissen wir, daß er auch die Stellung der Sterne am Himmel kannte und danach sicher segeln konnte. All diese Erfahrungen und Kenntnisse bildeten die Grundlagen für seine kühnen Pläne.
Im Jahr 1476 nahm Columbus angeblich als Kapitän seines Kaperschiffes an einer Seeschlacht vor der Küste Portugals teil. Als sein Schiff unterging, soll er an Land geschwommen und dann nach Lissabon gekommen sein, wo er sich niederließ.
Portugal war in dieser Zeit der Ausgangspunkt der meisten Entdeckungsfahrten. An der Küste des

Atlantiks waren die Voraussetzungen ideal, neue Handelswege zu finden. Portugals Könige schickten immer wieder Expeditionen aus, die auf dem Seeweg um Afrika herum Indien erreichen sollten. So ist es gut möglich, daß Columbus dort auf die Idee kam, über den Atlantik nach Indien zu segeln.

Die meisten Forscher waren damals der Meinung, die Erde sei eine Kugel. Und so glaubte auch der Kartenzeichner und Geograph Paolo Toscanelli aus Florenz, man könnte Indien und die asiatischen Länder auf dem Weg nach Westen erreichen. Seinen Rat hat Christoph Columbus gesucht. Noch heute kann man die Briefe lesen.

Entscheidend für die Pläne, eine Fahrt nach Westen zu unternehmen, war allerdings ein Fehler in der Berechnung des Erdumfangs. Wie andere Gelehrte nahm Toscanelli an, die Erde sei viel kleiner, als sie in Wirklichkeit ist. Demnach mußte man Asien in genau der Entfernung erreichen, in der Columbus später auf Amerika stieß. So ist es kein Wunder, daß Columbus lange Zeit fest davon überzeugt war, auf seinen Fahrten Japan, China und Indien erreicht zu haben.

Christoph Columbus war von seiner Idee besessen: Er wollte Indien und die reichen Länder Asiens auf dem

ASIA
CHATAI
INDIA
CIPANGU
EUROPA
AFRICA

Westweg erreichen. Dies war nach seiner Meinung einfacher als auf dem Landweg nach Osten oder dem Seeweg um Afrika. Diesen Plan trug er im Jahr 1484 dem portugiesischen König vor, fand jedoch kein Gehör.

Im Jahr 1485 ging Christoph Columbus nach Spanien. Dort wandte er sich an das Königspaar Ferdinand und Isabella, um Unterstützung für seine Pläne zu erhalten. Endlos zogen sich die Diskussionen hin, und viele andere hätten aufgegeben. Doch Columbus ließ nicht locker, und schließlich hatte er Erfolg.

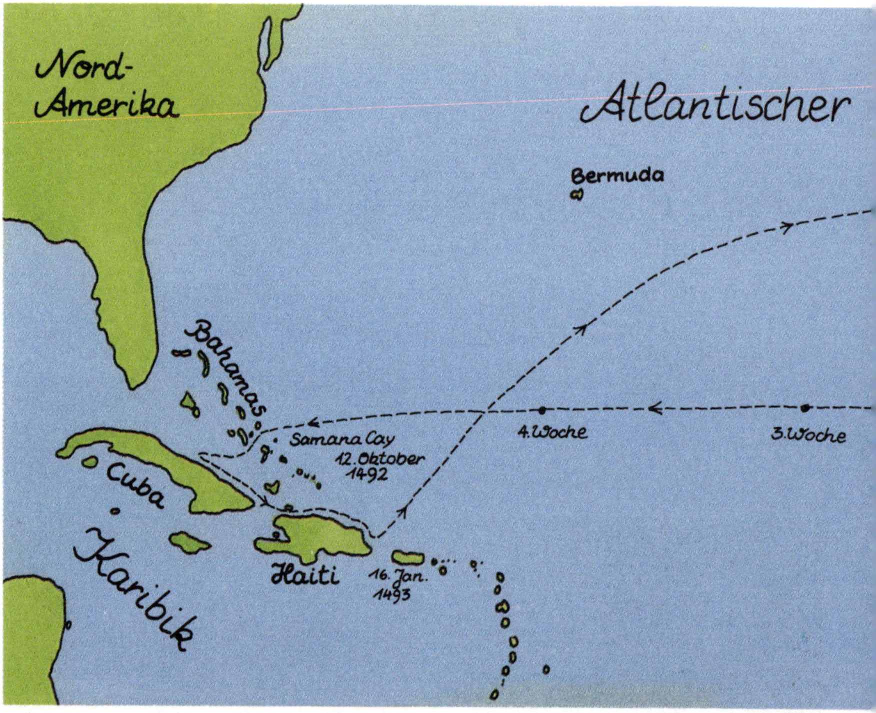

Am 3. August 1492 war es endlich soweit: Von Palos aus stachen das Flaggschiff *Santa Maria* und die beiden etwas kleineren Schiffe *Niña* und *Pinta* in See. Nach einem Aufenthalt auf den Kanarischen Inseln, wo die Schiffe überholt und frische Lebensmittel geladen wurden, überquerten sie den Atlantischen Ozean und erreichten am 12. Oktober 1492 Guanahani, eine Insel, die zu den Bahamas gehört.

Handel großen Gewinn bringen würde. Überall wurde er umjubelt, mit höchsten Ehren wurde er vom königlichen Hof empfangen, und die Indianer, die er mitgebracht hatte, wurden ebenso bestaunt wie die seltsamen Gewächse und die bunten Papageien. Nur wenige Menschen machten sich damals wirklich Gedanken darüber, was es für die Männer und Frauen aus Amerika bedeutete, nach Europa verschleppt zu werden. Ein Sklavenleben zählte nicht. Und Columbus war überzeugt davon, daß die Indianer gute Sklaven sein würden. Nach seiner Meinung waren sie friedlich und leicht zu unterwerfen. Sie würden alles tun, was man von ihnen verlangte. Am wichtigsten aber war das Gold. Allerdings war die Ausbeute geringer, als man es von den reichen Ländern Asiens erwartet hatte.

Noch dreimal segelte Columbus in die Neue Welt, um doch noch die reichen Goldländer zu finden. Gold fand er nur wenig, aber er erreichte auf seinen Reisen das amerikanische Festland, dessen Küste er bis zum Orinoko entlangsegelte. Im Westen erkundete er bei seiner letzten Fahrt die Küstengebiete des heutigen Honduras und Panama. Erst sehr spät vermutete er, daß er einen neuen Kontinent entdeckt hatte.

Die weiteren Fahrten des Columbus waren von vielen

Rückschlägen und Erniedrigungen begleitet. So fand er auf der zweiten Fahrt die auf Haiti zurückgelassene Siedlung zerstört und alle Männer getötet. Auf der dritten Fahrt wurde er als Admiral abgesetzt und in Ketten nach Spanien gebracht, und auf der vierten Reise brach eine offene Meuterei aus, weil sich seine Männer mehr Reichtum versprochen hatten und unzufrieden wurden.

Von all diesen Rückschlägen sollte sich Columbus nie wieder richtig erholen. Obwohl er in seinem Haus in Sevilla in Wohlstand leben konnte, verbrachte er die beiden letzten Jahre in Spanien als gebrochener Mann. Viele seiner Pläne waren nicht verwirklicht worden, und die reichen Städte voller Gold und Silber hatte er nie gefunden. Am 20. Mai 1506 starb er in Valladolid im Alter von fünfundfünfzig Jahren.

Wie die meisten Menschen zu dieser Zeit dachte Columbus anders als wir heute. Vieles, was wir verurteilen, war für ihn gut und richtig. Obwohl er zu manchen Kaziken ein gutes Verhältnis hatte, kam er nie darauf, die Indianer als den Europäern gleichberechtigte Menschen anzusehen.

Wie viele Menschen seiner Zeit war er von dem Gedanken geprägt, mit seinen Fahrten für die

Ausbreitung des Christentums zu sorgen. Vermutlich hat sich Columbus dabei kaum Gedanken über die Menschen gemacht, die er bekehren wollte. Daß außerdem die Suche nach Gold immer wichtiger wurde, ist leicht zu verstehen: Columbus hatte selbst wenig Geld und mußte sich die Ausrüstung seiner Schiffe von reichen Leuten bezahlen lassen. Natürlich machte das niemand ohne Gegenleistung. An den Reichtümern der Neuen Welt wollten auch die Geldgeber verdienen.

Welche Folgen hatte die Entdeckung Amerikas?

Wir wissen heute, daß die Entdeckung und Eroberung Amerikas großes Leid über die amerikanische Urbevölkerung, die Indios oder Indianer, gebracht hat. In unvorstellbarer Geschwindigkeit wurden ganze Völkerstämme durch Kriege und Seuchen ausgerottet, welche die Europäer nach Amerika gebracht haben. Schon dreißig Jahre nach den Fahrten des Columbus gab es auf den Inseln des Karibischen Meeres kaum noch Indianer.

Von Anfang an sollten die neuentdeckten Länder den Eroberern Gewinn bringen. Nur das war wirklich wichtig. Städte und Länder wurden zerstört, Goldschmuck und wertvolle Geräte aus Gold und Silber wurden eingeschmolzen und nach Europa gebracht. Die Herren waren die „weißen Götter" aus dem Westen, und die Einheimischen, die Vernichtung und Krankheiten überlebt hatten, mußten für sie arbeiten. Wo es keine Indianer mehr gab, wurden schwarze Sklaven aus Afrika eingeführt, die ebenso rechtlos waren wie die Urbevölkerung. Noch heute leiden vor allem die süd- und mittelamerikanischen Staaten an den Folgen dieses Verhaltens: Noch heute besitzen wenige Menschen den gesamten Reichtum dieser Länder, während die meisten in Armut und Elend leben.

Auch wenn es von Beginn an immer wieder Stimmen gab, die sich gegen das Vorgehen der weißen Entdecker und Eroberer erhoben, haben gerade Menschen, die im festen Glauben waren, als gute Christen zu handeln, viel Leid über die Indianer gebracht.

Als Columbus in der Nacht zum 12. Oktober 1492 das Feuer sah, das sich „wie das Licht von Fischern hob und senkte“, war dies zweifellos der Beginn einer neuen Zeit. Selbst wenn wir bewundern, mit welchem Mut Columbus die Fahrt über den Ozean unternahm, dürfen wir dabei nie vergessen, daß die Entdeckung Guanahanis am Beginn einer grausamen Geschichte für die Bevölkerung Amerikas stand.

ERDE · WASSER
FEUER · LUFT

Nicht die umfassende Wissensvermittlung steht im Vordergrund dieser Sachbuch-Reihe für Kinder zwischen acht und zehn, sondern eine lebendige Darstellung spannender Themen.

Gabriele Beyerlein
Gabriele Beyerlein erzählt von den Steinzeitjägern

Sigrid Zeevaert
Sigrid Zeevaert erzählt von den Walen

Gerd Küveler
Gerd Küveler erzählt vom Sonnensystem

Tilman Röhrig
Tilman Röhrig erzählt vom Ausbruch des Vesuv

Rainer Brand
Rainer Brand erzählt von der Entdeckung Amerikas

Herbert Günther
Herbert Günther erzählt, wie ein Fernsehfilm entsteht

Die Oetinger Kindersachbuch-Reihe